Lou, der kleine Löwenzahn

FSC
www.fsc.org
MIX
Papier aus ver-
antwortungsvollen
Quellen
Paper from
responsible sources
FSC® C105338

Stefan de Reuter

Lou, der kleine Löwenzahn

Bibliografische Information der Deutschen Nationalbibliothek: Die Deutsche Nationalbibliothek verzeichnet diese Publikation in der Deutschen Nationalbibliografie; detaillierte bi-biografische Daten sind im Internet über dnb.dnb.de abrufbar.

Originalausgabe
November 2024
Copyright © 2024 Stefan de Reuter
alle Rechte vorbehalten
Illustratorin: Brigitta Maria Brands
Lektorat und Layout: Dörte Krol
Verlag: BoD · Books on Demand GmbH,
In de Tarpen 42, 22848 Norderstedt
Druck: Libri Plureos GmbH, Friedensallee 273, 22763 Hamburg

ISBN: 978-3-7693-1159-4
Printed in Germany

Für meine wundervolle Tochter Marina,
Du zeigst mir jeden Tag, dass selbst die kleinsten Samen
den größten Mut haben können, um zu wachsen und die
Welt zu entdecken.
Möge dein Herz immer so wild und frei sein wie die
Pusteblume im Wind.

In Liebe,
Dein Papa

Vorwort

Es war einmal ein kleiner Löwenzahn, der kein gewöhnliches Pflänzchen war– er hatte eine besondere Sehnsucht nach dem Unbekannten, er wollte die Welt entdecken. Er lebte auf einer Wiese, wo der Wind sanft über die Gräser strich, und beobachtete, wie die großen Wolken vorüberzogen und die Vögel in den Himmel aufstiegen.

Diese Geschichte ist für all jene kleinen und großen Herzen, die manchmal den Mut brauchen, loszulassen, um sich selbst zu finden. Für die, die wissen, dass der Weg des Wachstums immer weitergeht und die bereit sind, sich vom Wind des Lebens tragen zu lassen - auch wenn er unvorhersehbar ist.

Lieber Leser, liebe Leserin,

während du Lous Reise verfolgst, wünsche ich dir Momente des Staunens, des Lachens und vielleicht ein bisschen Mut, um das eigene Abenteuer zu wagen.

Denn manchmal ist der Weg in das Unbekannte der Weg, der uns am meisten zu uns selbst führt.

In Dankbarkeit,
dass du Lous Geschichte teilst,
Stefan

Es war einmal eine kleine, sanfte Wiese, die sich am Rande eines abgelegenen Dorfes ausbreitete, als wollte sie die Welt mit ihrem grünen Teppich umarmen.

Das Gras war von der Art, die sich weich unter den Füßen anfühlte. Im Licht des späten Nachmittags schimmerte es als sei es in goldenen Puder getaucht.

Zwischen all den Grashalmen versteckt und doch irgendwie sichtbar, stand ein kleiner Löwenzahn. Ein stiller Beobachter, ein unscheinbarer Zeuge der Zeit, der dem Treiben rundherum still begegnete. Die Dorfbewohner hatten ihm, ohne dass er es wusste, den Namen Lou gegeben.

Lou war, in seinen eigenen Augen, nichts Besonderes. Eine winzige Blüte in einem Meer von grünen Halmen, die sich im Wind wiegten, sich streckten, als wüssten sie genau, wie schön sie waren. Er stand dort, ein wenig schüchtern und zurückhaltend, und blickte sich um.

Ringsherum standen Blumen in Gruppen zusammen: feurige Mohnblumen, leuchtend wie das Rot der Morgensonne; Butterblumen, die sanft wie kleine Sonnenköpfe auf ihren Stängeln ruhten. Lou war allein, umgeben von dieser Pracht blieb er doch ein Einzelgänger.

Die Erde unter ihm trug ihn wie alle anderen, und die Sonne schickte auch ihm ihre Strahlen und dennoch fühlte Lou sich nicht wie ein Teil dieser lebendigen Welt. Dieser Welt, in der alles eine Rolle, eine Aufgabe, einen Platz zu haben schien. Manchmal ließ er seine Wurzeln tiefer in die Erde sinken, in der Hoffnung dort Antworten finden zu können.

Und obwohl Lou wusste, dass er auf seine Weise vollständig war, verspürte er eine leise Sehnsucht, eine Stimme in seinem Inneren, die fragte: „Wohin gehöre ich? Was ist mein Zweck?".

Der Wind strich sanft über die Wiese und brachte Geschichten aus fernen Gegenden mit, doch Lou wagte es nicht, zu fragen.

Stattdessen horchte er und sehnte sich heimlich nach einem Leben, das mehr war als das stille Warten.

Während Lou so in die Ferne schaute, das kleine Dorf und seine Bewohner beobachtete, nahm er das Leben dort wie einen bunten Reigen wahr, der sich in ewiger Harmonie bewegte.

Die Kinder, die über die Wiese tollten, schienen vor Lebendigkeit zu sprühen. Ihre Stimmen erfüllten die Luft mit einem fröhlichen Lachen, das so unbeschwert war, dass es sich über die gesamte Wiese auszubreiten schien, bis selbst die stummen Gräser und Blumen davon berührt wurden.

Lou liebte diese Momente. Er beobachtete, wie die Kinder aufgeregt die Blumen pflückten, ihre kleinen Hände nach den schönsten Blüten ausstreckten, als wollten sie die Welt umarmen und in sich aufnehmen.

In diesen Momenten wünschte sich Lou nichts sehnlicher, als auch nur für einen Augenblick von ihnen gesehen zu werden.

Und dann waren da die Pusteblumen. Ach, wie beneidete Lou die Pusteblumen! Er sah, wie die Kinder sie behutsam in die Hände nahmen, ihre flaumigen, zarten Köpfe mit einer beinahe andächtigen Vorsicht betrachteten, bevor sie einen tiefen Atemzug nahmen und die Samen in alle Richtungen pusteten.

In diesen Augenblicken geschah etwas Magisches – die kleinen, federleichten Samen schwebten in der Luft wie winzige Sterne, die sich vom Himmel lösten, um sich über die Wiese und noch weit darüber hinaus zu verteilen. Die Kinder verfolgten die fliegenden Samen mit strahlenden Augen, und Lou sah die Freude und das Staunen, das in ihren Gesichtern aufleuchtete.

Lou sehnte sich danach, ein solcher Moment der Freude zu sein. In seinem Herzen wuchs ein stiller, beinahe schüchterner Wunsch: Er wollte schön und begehrt sein, so wie die Pusteblumen es waren. Er wollte, dass die Kinder ihm ihre Aufmerksamkeit schenkten, ihn vielleicht sogar in die Hände nahmen und ihm so einen Platz in ihrer Erinnerung gaben.

Doch die Kinder gingen an ihm vorbei, als wäre er nicht da, ein einfaches, unscheinbares Wesen, das inmitten des Grüns fast unsichtbar blieb. Manchmal fühlte Lou sich so, als wäre er nur ein Schatten in dieser leuchtenden Welt.

Es war eine stille Einsamkeit, die ihn überkam, ein Gefühl, das tief aus seinem Inneren aufstieg. Er fragte sich oft, warum ihn niemand bemerkte, warum er, Lou, der Löwenzahn, so wenig beachtet wurde, obwohl sein Herz vor Sehnsucht klopfte.

Eines Abends, als sich die Sonne langsam hinter den Hügeln versteckte und das Licht der Wiese einen warmen, goldenen Glanz verlieh, wurde Lou von einem tiefen, bittersüßen Gefühl ergriffen. Die Welt schien in diesen letzten Lichtstrahlen beinahe stillzustehen, und ein Hauch von Melancholie lag in der Luft. Lou fühlte diese Melancholie in sich aufsteigen, als wäre sie sein eigener Atem. „Warum bin ich hier, so allein?", flüsterte er in die Stille. Er wusste, dass er ein Löwenzahn war, einfach und unscheinbar, ein einzelnes Blümchen in der großen Weite dieser Wiese. Doch etwas in ihm sehnte sich nach mehr, nach einem Sinn, der ihm bislang entglitten war. In dieser Stille, die nur von einem sanften Windhauch durchbrochen wurde, tauchte eine geheimnisvolle Stimme in ihm auf, so leise und klar wie ein Tropfen Morgentau, der in die Erde sickert.

„Geduld, Lou", murmelte die Stimme in seinem Inneren, wie ein Freund, den er nie zuvor bemerkt hatte und der doch immer da gewesen war, „dein Moment wird kommen". Lou spürte, wie sich sein Herz auf eine unerklärliche Weise beruhigte. Die Worte der Stimme durchdrangen ihn, als hätten sie Wurzeln in seiner Seele geschlagen. Es war, als hätte die Wiese selbst ihm etwas zugeflüstert, etwas Tiefes und Uraltes, das nur von jenen verstanden werden konnte, die still genug waren, um es zu hören.

In diesem Moment schien der Wind ihm zuzufächeln, dass alles seine Zeit hatte – selbst der kleinste Löwenzahn am Rande einer vergessenen Wiese.

In der Dunkelheit dieser Nacht sank Lou in einen tiefen Schlaf und fand sich in einem Traum wieder, wie er ihn nie zuvor erlebt hatte.

Er war keine einzelne, unscheinbare Blume mehr, sondern etwas Leichtes und Mächtiges zugleich. In seinem Traum schwebte er, frei und ungebunden, und sein Herz klopfte vor Freude. Er sah sich selbst in der Gestalt einer Pusteblume – fein und flauschig, seine Samen bereit, sich auf die Reise zu begeben.

Der Wind trug ihn hoch hinauf, und Lou spürte, wie sich eine unendliche Weite vor ihm öffnete. Die Wiese, die Hügel, die Dörfer und das Land – all das war sein Zuhause, und er war frei, ein Teil von allem zu sein, was ihn umgab.

Als Lou am Morgen erwachte, schimmerte in ihm eine neue Hoffnung, ein leises Wissen, dass das Leben, das vor ihm lag, mehr bereithielt, als er bisher zu träumen gewagt hatte.

Von diesem Tag an verspürte er die Kraft, zu warten. Geduldig und mit dem Vertrauen, dass auch für ihn ein Moment kommen würde, in dem er seine Bestimmung erfüllte.

Die Tage verstrichen und Lou wartete geduldig, seinen Blick stets auf die Wiese und den Horizont gerichtet.

Er hatte aufgehört, nach Anerkennung oder Beachtung zu suchen, hatte seine Sehnsucht wie ein stilles Geheimnis in sich bewahrt. Stattdessen spürte er eine innere Ruhe in sich wachsen, eine Art Vertrauen, das ihm sanft ins Ohr flüsterte, dass alles, was geschieht, zu seiner Zeit geschieht.

Lou ließ den Wind durch seine Blätter streichen, spürte das Sonnenlicht auf seinen zarten Blütenblättern und ließ seine Wurzeln immer tiefer in die Erde dringen.

In dieser Stille, in diesem einfachen Dasein, entdeckte er eine neue Art von Freude – eine, die nichts im Außen brauchte, um zu bestehen.

Und dann, eines Morgens, fühlte Lou eine Veränderung in sich. Es begann als ein leichtes Ziehen, ein leises Kribbeln, das tief in seinen Wurzeln erwachte und sich langsam durch seinen Stängel nach oben schlängelte. Die Sonne schien an diesem Tag besonders warm, beinahe wie eine liebevolle Berührung, die ihm signalisierte, dass etwas Wundervolles bevorstand.

Seine grünen Blätter, die ihn so lange fest umhüllt hatten, begannen sich langsam zu lockern, und ein sanftes Zittern durchlief seinen Körper. Die Farben um ihn herum schienen intensiver, lebendiger – die Wiese war ein Meer aus Smaragdgrün und sattem Gelb, die Luft erfüllt von Düften und leisen Geräuschen, die Lou nun mit geschärften Sinnen wahrnahm. Mit einem tiefen Atemzug ließ Lou geschehen, was geschehen musste.

Er spürte, wie sich seine Blütenblätter zart öffneten und etwas Neues, Unerwartetes freigaben: ein filigranes, flauschiges Geflecht, das sich wie ein kostbarer Schatz in seinem Inneren verborgen gehalten hatte. In diesem Moment erkannte Lou, dass er zu einer Pusteblume geworden war. Diese feinen Samen, die nun wie winzige, schimmernde Sterne an seinen Rändern glitzerten, waren bereit, vom Wind getragen zu werden, hinaus in die Welt, hinaus in das Unbekannte.

Lou ergriff eine Freude, die ihn bis in die kleinsten Fasern seines Wesens erfüllte. Er war nicht mehr nur ein einzelner Löwenzahn, er war etwas Größeres geworden, etwas, das sich teilen und verbreiten konnte. Es war, als hätte er seine Aufgabe gefunden, als sei er in diesem Augenblick all das, was er jemals zu sein gehofft hatte. Der Wind kam sanft heran und schickte eine liebevolle Brise, die seine Samen sanft von ihm löste. Und Lou spürte, wie ein Teil von ihm nun nicht mehr an einen einzigen Ort gebunden war.

Als der Wind Lous feine, schimmernde Samen sanft von ihm löste und in die Luft hob, fühlte er ein Gefühl der Freiheit, das so groß und weit war, dass es seine alte Sehnsucht in eine tiefe, stille Zufriedenheit verwandelte.

Er sah zu, wie seine kleinen, federleichten Samen sich erhoben, tanzend, kreisend, von der unsichtbaren Hand des Windes liebevoll getragen. Jeder Samen schien eine leise Botschaft zu tragen, ein kleines Stück seines Herzens, das er mit der Welt teilte.

Lou war nicht mehr der einsame Löwenzahn, der sehnsüchtig in die Ferne blickte – jetzt war er überall, ein

Teil der Wiese, ein Teil des Himmels, ein Teil des ganzen Landes, das sich vor ihm ausbreitete.

Die Reise seiner Samen wurde für Lou zu einem Wunder, das er staunend beobachtete. Einige schwebten sanft über die Hügel, setzten sich auf die weiche Erde am Waldrand und fanden dort ihren Platz. Andere flogen weiter, ließen sich über dem Fluss nieder, wo das Wasser sie sanft umspülte und ihnen eine neue Heimat schenkte. Jeder Samen, der sich löste und davontrug, nahm Lous Gefühl der Zugehörigkeit mit sich.

Zum ersten Mal in seinem Leben verspürte Lou eine Verbundenheit, die sich nicht mehr an einem einzigen Ort festmachte. Er war nun überall zugleich – in den Feldern, in den Gärten, in den Wäldern.

Die Kinder des Dorfes, die auf der Wiese spielten, bemerkten die vielen neuen Pusteblumen, die Lou und seine Verwandten hinterlassen hatten. Begeistert rannten sie umher, pflückten die flauschigen Blüten und schickten ihre Samen in den Wind, sodass sie wie funkelnde Staubkörnchen durch die Luft schwebten.

In diesen Momenten, als die Samen weit durch die Lüfte trieben, erfüllt von einem Hauch kindlicher Freude und Staunen, wusste Lou, dass er ein Teil von etwas Wundervollem geworden war.

Er war mehr als ein einzelner Löwenzahn, er war eine unzählige Gemeinschaft, die von der Freude der Kinder getragen und immer weiterverbreitet wurde.

Und so lehrte die Reise seiner Samen Lou, dass seine wahre Schönheit und sein Glück nicht darin lagen, allein zu leuchten oder für sich bewundert zu werden. Vielmehr bestand seine Bestimmung darin, sich mit der Welt zu verbinden, sie mit kleinen Funken seiner selbst zu bereichern und eine unsichtbare Gemeinschaft zu erschaffen, die von der Wiese bis in die Herzen der Menschen reichte.

Er hatte verstanden, dass in der Natur keine Einsamkeit existierte, nur ein ständiger Fluss des Lebens, der jeden verbindet und mit einem zarten, ewigen Faden verwebt.

Lou, der einst kleine, einsame Löwenzahn, war nun Teil eines größeren Ganzen geworden und die Wiese trug sein Erbe in sich – ein Erbe, das sich immer wieder erneuern würde, solange der Wind durch die Blumen strich und die Herzen der Menschen berührte.

Die Zeit verging und die Wiese, die einst Lous Heimat gewesen war, verwandelte sich mit jedem neuen Jahr. Im Frühling sprossen überall kleine, zarte Löwenzähne aus der Erde, als wären sie die Antwort auf einen alten, stillen Ruf.

Jeder dieser jungen Löwenzähne trug ein unsichtbares Stück von Lou in sich – die Erinnerung an seinen Mut, die Geduld seines Wartens, seine Fähigkeit, das Leben in all seiner Einfachheit zu umarmen.

Die Wiese war nun erfüllt von dem Erbe, das Lou hinterlassen hatte: einem leisen, beständigen Puls des Lebens, der immer wiederkehrte und neu erblühte.

Die Kinder des Dorfes, die Jahr für Jahr größer wurden, kamen weiterhin auf die Wiese, liefen durch die hohen Gräser, pflückten Blumen und suchten, fast instinktiv, nach den Pusteblumen, die wie kleine Sterne zwischen den Halmen funkelten.

Sie lachten, spielten und bliesen die Samen in die Luft, ohne zu wissen, dass sie damit Lous Geschichte weitertrugen. In jeder kleinen Pusteblume lebte die Erinnerung an den einsamen Löwenzahn, der die Bedeutung seiner Existenz in der Verbindung zur Welt gefunden hatte.

Es war, als würden die Samen den Kindern das alte Wissen zuflüstern: „Auch ihr seid Teil von etwas Größerem, auch ihr seid nicht allein."

Und so wurde die Wiese zu einem Ort der Verbundenheit, einem lebendigen, atmenden Erinnerungsstück. Die Dorfbewohner erzählten sich die Geschichte vom einsamen Löwenzahn, der Geduld und Vertrauen fand, der sich in die Luft erhob und zu einer Pusteblume wurde, die den Wind und das Land als Freunde hatte.

Die Kinder hörten dieser Geschichte zu, staunten und blickten auf die Wiese mit neuen Augen, als könnten sie Lou selbst zwischen den Grashalmen erahnen. Und vielleicht war es tatsächlich so – vielleicht war Lou überall und nirgends, ein stiller Begleiter, der im Hauch des Windes, im sanften Streichen der Blätter und im leisen, wachsenden Flüstern der Erde gegenwärtig war.

Für die Menschen des Dorfes wurde Lous Geschichte zu einer leisen Lehre über die Schönheit des Lebens: Ein Leben, das nicht allein in der Bestätigung oder Anerkennung durch andere besteht, sondern im Vertrauen darauf, dass jeder seinen Platz und seine Zeit hat.

Die Kinder spürten dieses Wissen, wenn sie die flauschigen Samen bliesen, ohne dass ihnen jemand sagte, warum es so wichtig war. Sie wussten, dass diese kleinen Wunderwesen durch die Luft tanzten, sich verteilten und ihren Platz fanden – genau wie Lou.

Und in all dem war Lou nicht länger ein bloßer Löwenzahn. Er war Teil einer Legende geworden, die in den Herzen der Menschen weiterlebte, eine Geschichte der Liebe, der Geduld und der Erkenntnis, dass wir alle, selbst der kleinste Löwenzahn, etwas Kostbares zu geben haben. Denn letztlich – so schien es der Wiese zuzuflüstern – gibt es im Leben keinen wirklichen Abschied, nur eine stete Verwandlung, eine leise und unaufhörliche Reise von einem Herzen zum anderen, von einer Blume zur nächsten, von der Erde zum Himmel.

Die Jahre vergingen, und mit ihnen wuchsen die Geschichten über den kleinen Löwenzahn Lou weiter. Die Wiese, die einst so still und unscheinbar am Dorfrand lag, wurde zu einem Ort, den die Menschen mit besonderer Achtung betraten. Denn jeder, der von Lou gehört hatte, wusste, dass hier, zwischen den Gräsern und Blumen, eine Weisheit ruhte, die leiser und doch kraftvoller war als Worte.

Sie spürten, dass es nicht bloß eine Geschichte war, sondern ein Geheimnis, das sich wie ein unsichtbarer Faden durch alles zog – durch das Land, die Natur, die Herzen der Menschen. Die Dorfbewohner und ihre Kinder kamen im Frühling auf die Wiese, einige aus Neugier, andere, um den Hauch der Erinnerung an Lou zu spüren.

Sie setzten sich ins Gras, blickten auf die gelben Blüten der Löwenzähne, die wie winzige Sonnen im Grün leuchteten, und lauschten den Erzählungen über den

Löwenzahn, der den Wind und die Erde als Gefährten gewonnen hatte.

Manchmal legten sie sich auf den Boden und schauten in den Himmel, als könnten sie dort, in den Wolken, eine Spur von Lou finden – ein sanftes Zeichen, dass er noch immer da war, als stiller Hüter der Wiese und derjenigen, die hier Frieden suchten.

Jedes Frühjahr verwandelte sich die Wiese in ein Blütenmeer aus gelben Löwenzähnen, die bald darauf zu feinen, flauschigen Pusteblumen wurden. Die Dorfbewohner wussten nun: Diese Pusteblumen trugen Lous Geist weiter, sie verbreiteten ihn überallhin, ein leises Wunder, das sich endlos wiederholte. Und wenn der Wind kam, spielerisch und zugleich kraftvoll, um die Samen in alle Himmelsrichtungen zu tragen, sahen die Menschen darin nicht nur ein Naturspiel – sie sahen darin die Geste eines Freundes, der sich, ohne sichtbar zu sein, an sie erinnerte und ihnen zuflüsterte, dass sie nie alleine waren.

Es wurde ein kleines Ritual im Dorf: Die Kinder, jetzt in Begleitung ihrer Eltern und Großeltern, bliesen die Pusteblumensamen in den Wind, als ginge es um mehr als ein bloßes Spiel.

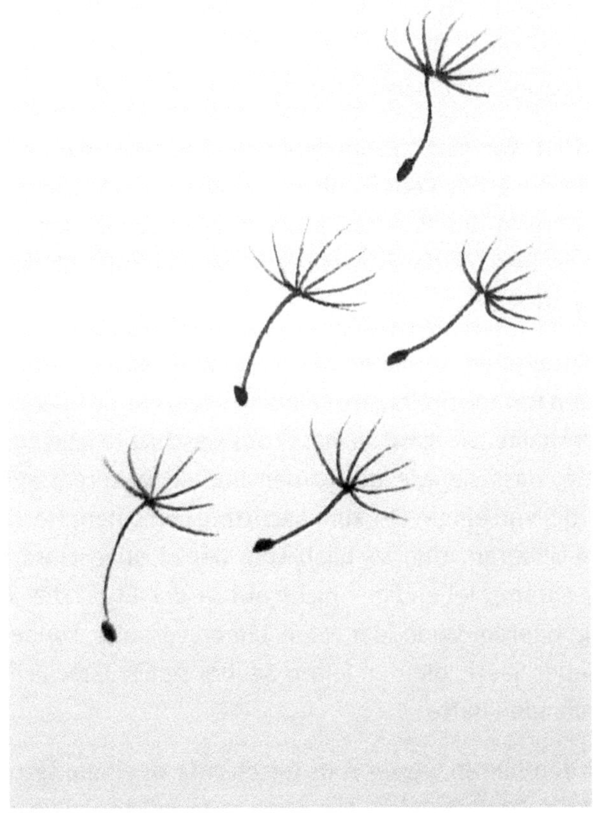

Es war, als gaben sie etwas von sich mit den Samen hinaus in die Welt, ein stilles Gebet oder einen Wunsch, der in der sanften Umarmung des Windes weitergetragen wurde.

Sie hatten gelernt, dass Lous Geschichte mehr als eine Erinnerung war – sie war eine lebendige Lektion über Geduld, Verbundenheit und die stille Macht der Transformation. In dieser leisen Geste, die das Leben von einer Hand zur nächsten weitergab, wuchs das Bewusstsein, dass jeder von ihnen, so klein und unbedeutend er sich auch fühlen mochte, etwas Kostbares und Einzigartiges zu schenken hatte.

Und so war es Lou, der ihnen zeigte, dass die wahre Bedeutung des Lebens nicht im Glanz oder Ruhm lag, sondern in der Bereitschaft, sich hinzugeben und Teil des großen Kreislaufs zu werden, der alles mit Liebe und Sinn erfüllt.

Die Menschen verließen die Wiese jedes Mal mit einem neuen Gefühl im Herzen, einem Wissen, das tief in ihnen widerhallte. Sie spürten, dass Lous Geschichte kein Ende hatte, dass sie wie die Samen immer weitergetragen wurde, von einem Ort zum nächsten, von einem Herzen zum anderen. Und so blieb Lou, der einstige einsame Löwenzahn, lebendig – nicht nur in der Erde, die ihn trug, oder im Wind, der seine Samen verteilte, sondern in jeder Seele, die den leisen Zauber seiner Geschichte verstanden hatte.

Mit den Jahren wurde Lous Geschichte zu einem festen Teil der Dorflegenden. Die Menschen spürten, dass die kleine Wiese am Dorfrand nicht nur eine Ansammlung von Blumen und Gräsern war, sondern eine lebendige Erinnerung an einen Löwenzahn, der den tiefen Zauber des Lebens und der Verbundenheit verkörpert hatte. Die

Älteren des Dorfes erzählten die Geschichte oft bei Sonnenuntergang, wenn das Licht sanft über die Wiese glitt und die Blumen in ein goldenes Leuchten tauchte.

Es war, als würde die Wiese in diesem Licht für einen kurzen Moment zu einem anderen, geheimen Ort – einem Ort, an dem Lou in seiner sanften Pracht gegenwärtig war und in die Herzen der Zuhörer sprach.

Einige Dorfbewohner kamen in diesen besonderen Abendstunden zur Wiese, um still für sich zu sein, mit einem Anliegen, einem Wunsch oder einer Frage. Es war, als hätten sie im Laufe der Zeit verstanden, dass Lous Wiese Antworten in sich trug, die mit Worten nicht immer erklärt werden konnten.

Sie setzten sich in das weiche Gras, schauten in die Ferne und hörten in die Stille hinein. In dieser Stille fühlte man manchmal den Hauch des Windes wie eine zärtliche Berührung, die einem Mut zusprach und sanft ein Vertrauen weckte, dass alles seinen Platz und seine Zeit haben würde.

Besonders die Kinder liebten die Wiese, die für sie wie ein Spielplatz voller kleiner Wunder war. Sie liefen durch die Wiese, pflückten Pusteblumen, und wenn sie die flaumigen Samen in die Luft pusteten, flüsterten sie heimlich ihre kleinen Wünsche hinein. „Lou, trag meinen Wunsch weit", hörte man sie manchmal murmeln, während die Samen wie winzige Träume über die Wiese davongetragen wurden.

Die Kinder wussten nicht, warum sie dies taten; es war für sie einfach ein leises, vertrauensvolles Ritual geworden, ein Teil des Spiels und zugleich etwas Ernstes, etwas Bedeutsames. Und wenn die Erwachsenen dies sahen, lächelten sie still, denn sie wussten, dass Lous Geschichte von Generation zu Generation weiterlebte, nicht nur als Erzählung, sondern als ein Gefühl, das leise in den Herzen wuchs.

Die Wiese war nicht nur ein Ort voller Löwenzähne, sie war ein lebendiges Symbol für die Weisheit des Lebens selbst. Ein Ort, an dem die Menschen die Schönheit des Einfachen, des Geduldigen, des Verbindenden spürten.

An Festtagen, wenn das Dorf zusammenkam, wurde Lous Geschichte oft von einem der Ältesten erzählt. Mit leiser Stimme erzählte er von Lou, dem einsamen Löwenzahn, der seinen Platz in der Welt fand, nicht durch lautes Streben, sondern durch das stille, vertrauensvolle Warten.

Und während die Dorfbewohner lauschten, senkten einige von ihnen den Kopf und schlossen die Augen, als könnten sie Lous sanfte Lehre in sich aufnehmen. In diesen Momenten schien es, als verbinde sich die Wiese mit dem Herzschlag des Dorfes – eine stumme, jedoch kraftvolle Erinnerung daran, dass jeder von ihnen, ob groß oder klein, ein einzigartiger und wertvoller Teil des großen Ganzen war.

Und so lebte Lou weiter, nicht nur in der Erde, in der er einst gewachsen war, nicht nur in dem Wind, der seine

Samen in die Welt trug, sondern in den Menschen, die seine Geschichte verstanden hatten. Lou war nicht mehr nur ein Löwenzahn; er war eine leise, ständige Gegenwart – ein sanftes Flüstern in der Luft, das die Dorfbewohner daran erinnerte, dass auch die kleinsten Dinge im Leben ihren eigenen, wunderbaren Zauber tragen, wenn wir ihnen die Zeit und den Raum geben, zu erblühen.

Im Laufe der Zeit wurde die Wiese für die Dorfbewohner ein Ort des Gedenkens und der Hoffnung. In jedem Frühling, wenn die ersten Löwenzähne sich aus der Erde schoben, schien das Dorf zu erwachen, als sei es Teil eines alten, stillen Rituals.

Die Menschen begannen den Frühling mit einem Besuch auf der Wiese, einem liebevollen Spaziergang, bei dem sie jeden kleinen Löwenzahn begrüßten, als sei er ein vertrauter, alter Freund. Sie wussten, dass Lou in jedem neuen Stängel lebendig war, in jedem gelben Blütenkopf, der sich der Sonne entgegenstreckte und in jedem zarten, flauschigen Samen, der bald in die Welt fliegen würde.

Besonders in Momenten des Zweifels oder der Trauer kamen die Dorfbewohner zur Wiese. Einige setzten sich ins Gras und ließen die Stille und den Frieden dieses Ortes auf sich wirken, wie eine heilende Umarmung, die nur von der Natur selbst geschenkt werden konnte.

Sie fühlten, dass die Wiese, die einst Lous Heimat gewesen war, ein besonderes Geheimnis kannte – das

Geheimnis der Geduld und der stillen Verwandlung. So saßen sie, mit all ihren unausgesprochenen Sorgen und Hoffnungen, und spürten, dass auch für sie ein Wandel möglich war, so wie Lou ihn erlebt hatte.

Die Kinder des Dorfes, voller Lebendigkeit und Freude, führten die Tradition fort, die Pusteblumen zu pflücken und ihre Wünsche in die Samen zu flüstern. Jedes Kind kannte die Geschichte von Lou und wusste, dass er einst ein einfacher Löwenzahn gewesen war, der die Kraft fand, sich in eine Pusteblume zu verwandeln und seine Samen in die Welt zu schicken.

Für sie war es ein Spiel, aber zugleich ein Versprechen an das Leben. Sie wussten tief im Herzen, dass jeder ihrer Wünsche, getragen von den feinen Samen, weit reisen und vielleicht sogar Wirklichkeit werden könnte – nicht sofort, aber vielleicht irgendwann, in einem fernen Moment, der genau der Richtige sein würde.

So lebte Lous Botschaft weiter, sie war eine stille, unsichtbare Kraft, die das Dorf zusammenhielt. Die Menschen sprachen nicht oft über ihn, doch sein Geist war wie ein sanftes Flüstern, das in jedem Frühling über die Wiese zog.

Sie alle wussten, dass Lous Geschichte mehr war als ein Märchen. Es war eine Erinnerung daran, dass selbst das kleinste Leben eine tiefe Bedeutung tragen kann, wenn es den Mut hat, sich dem Wind anzuvertrauen, seine Samen loszulassen und darauf zu vertrauen, dass sie ihren Weg finden würden.

Und so, während die Dorfbewohner die Wiese verließen, fühlten sie sich jedes Mal ein wenig leichter, ein wenig hoffnungsvoller. Denn Lou hatte ihnen etwas Kostbares hinterlassen: Die Gewissheit, dass sie, wie er, Teil eines größeren Kreislaufs waren, der keine Eile, keinen Anfang und kein Ende kannte - nur die sanfte, ewig fließende Bewegung des Lebens.

Lous Vermächtnis lebte in ihnen weiter, wie eine stille Melodie, die durch die Zeit schwebte und ihnen zuflüsterte, dass auch sie – ganz gleich, wie klein sie sich fühlten – die Kraft hatten, die Welt ein wenig heller und schöner zu machen.

Sei auch Du - wie Lou

Danksagung

Ein Buch zu schreiben ist wie eine Reise – eine Reise, die uns nicht nur durch Wörter und Seiten führt, sondern auch durch die Begegnungen, die uns geprägt und begleitet haben.

Dieses Buch, die Geschichte von Lou, dem kleinen Löwenzahn, ist ein Ausdruck meiner Dankbarkeit an all jene Seelen, die mich auf meinem eigenen Weg berührt haben.

Ich danke jeder einzelnen Begegnung, ob flüchtig oder tief, die meinen Horizont ein Stück weiter aufgestoßen hat. Für die Worte, die geteilt wurden, für die stille Weisheit, die in Blicken lag und für die Momente, in denen das Leben mich überrascht und meine Überzeugungen hinterfragt hat. Jede dieser Begegnungen hat mir etwas geschenkt – eine Erkenntnis, eine Inspiration, ein Gefühl der Verbundenheit.

Dieses Buch ist für euch. Für die, die mir Mut gegeben haben, zu wachsen und zu lernen und für die, die mir gezeigt haben, dass jede Reise wertvoll ist, auch wenn sie an unerwartete Orte führt.

Danke, dass ihr, wie Lou, eure Samen der Weisheit in mein Leben getragen habt, um dort zu keimen und Wurzeln zu schlagen.

Über den Autor:

Stefan de Reuter, Jahrgang 1970, geboren in Emden blickt auf über 30 Jahre Erfahrung im Bereich der Physiotherapie, Heilpraktik und Chiropraktik zurück. Immer wieder hat ihn die Frage nach den inneren Zusammenhängen ermutigt, sein Wissen zu erweitern und zu vertiefen.

Bestrebt für seine Patienten stets die bestmögliche Lösung und den nachhaltigsten Weg der Heilung zu finden, hat de Reuter sich mit den Themen der ganzheitlichen Medizin in ihren breiten Facetten auseinandergesetzt und begonnen seine Wahrnehmungen und Erfahrungen in Geschichten einzufangen.

„Angetrieben von äußeren Erwartungen haben wir häufig verlernt, auf uns selbst und unseren Körper zu hören und zu vertrauen. Ich möchte dazu anregen, den eigenen Blick wieder auf das Wesentliche zu lenken", beschreibt de Reuter seine Motivation des Schreibens.